AF229269

DÉCLARATION

PRÉSENTÉE AU SAINT-SIÈGE

PAR LES RÉDACTEURS DE L'AVENIR.

PARIS,

AGENCE GÉNÉRALE POUR LA DÉFENSE DE LA LIBERTÉ
RELIGIEUSE,

RUE JACOB, N.º 20.

—

1831.

DÉCLARATION

Aujourd'hui plus qu'à aucune autre époque, les écrivains catholiques doivent redoubler de vigilance et de précautions, pour s'assurer qu'ils ne s'écartent en rien de la vraie doctrine. La tradition et l'histoire de l'Église leur indiquent le plus sûr moyen de parvenir à ce but; c'est de s'adresser directement au Saint-Siége, infaillible gardien de la vérité.

Lorsque nous nous sommes déterminés à combattre, dans des temps difficiles, pour la cause de la foi et de la liberté catholiques, nos premiers regards se sont tournés vers la Chaire d'où descendent, pour l'univers chrétien, la lumière et la sagesse. Mais la mort prématurée du vénérable pontife dont l'Église déplore la perte ne nous a pas laissé le temps d'accomplir un devoir bien cher à nos cœurs. Nous nous empressons de le remplir, maintenant que l'élection d'un pasteur suprême va mettre fin au deuil de la chrétienté, et nous saisissons, avec une joie filiale, l'occasion de joindre nos foibles hommages aux acclamations d'espérance et d'amour prêtes à saluer l'apparition de celui dont il a été dit de toute éternité: *Pais mes agneaux, pais mes brebis.*

Guidés par ces sentimens, et suivant les exemples que nous ont laissés, dans tous les siècles, les écrivains jaloux de marcher dans la route de l'obéissance catholique, nous déposerons aux pieds de notre saint Père le Pape, dès que son élection nous sera connue, la déclaration suivante qui contient le sommaire de nos doctrines; heureux s'il nous est donné d'imiter, selon le précepte du Sauveur, l'humble docilité des petits enfants!

Nous proposant aussi de communiquer cette déclaration à nos frères, nous avons dû joindre à l'énoncé des doctrines plusieurs observations, qui eussent été superflues si elle eût dû être placée seulement sous les yeux du souverain pontife. Nous avons pour but, en la publiant, d'empêcher, autant que cela dépend de nous, les fausses interprétations, par lesquelles l'inadvertance, les préjugés, les passions peut-être dénaturent nos doctrines, et calomnient quelquefois nos intentions même. Dieu nous est témoin que nous ne conservons de ressentiment à aucun de nos frères. Tout notre désir, c'est que ceux qui croient devoir blâmer nos travaux rivalisent avec nous par leur soumission sans réserve au vicaire de Jésus-Christ, et ce jour seroit beau, où nous nous retrouverions prosternés tous ensemble devant notre père commun.

EXPOSITION DES DOCTRINES DE L'AVENIR.

Méthode qu'il suit.

Comme nous vivons dans un temps où toutes les vérités sont remises en question, nous devons d'abord exposer en peu de mots ce qui constitue à la fois la base de nos discussions, et la méthode qui les dirige, au milieu de ce grand combat des esprits.

Nous admettons que l'homme doit prendre pour règle fondamentale de ses jugements, non les opinions individuelles, variables de leur nature et opposées entre elles, mais les croyances générales et perpétuelles de la société humaine, lesquelles présentent, dans leur permanence et leur universalité, le caractère immuable du vrai.

Cette règle, une fois admise, exclut les erreurs diverses des athées, des matérialistes, des déistes, puisque la tradition du genre humain atteste l'existence d'une religion originairement révélée, et qu'elle certifie en particulier les deux bases du christianisme, la dégradation primitive de l'homme, et l'attente d'un réparateur. D'après cela, nous regardons le grand principe d'autorité comme conduisant directement à la foi chrétienne, proprement dite, d'autant plus que les faits qui prouvent la mission divine du Christ reposent sur des témoignages qui forment, en matière de certitude historique, la plus haute autorité.

Arrivé au christianisme, l'homme discerne d'une manière certaine, la doctrine de Jésus-Christ, en suivant toujours la même voie. Car la méthode individuelle du protestantisme n'est qu'une application faite au christianisme du principe général du doute et de l'erreur, comme la méthode catholique d'autorité est une application du principe général de certitude, ou de la loi constitutive de la raison humaine.

Tout ce que l'on admet par voie d'autorité compose ce que nous appelons l'*ordre de foi*. Nous nous servons de cette expression dans le seul but d'indiquer, par une formule abrégée, que, dans cet ordre, l'homme prend pour base de son adhésion à telle ou telle vérité, les croyances communes, et non pas ses pensées propres. Mais, comme l'intelligence humaine est essentiellement active, nous admettons un second ordre, que nous nommons ordre de *conception*, ou ordre *d'intelligence et de science*, suivant le langage des Pères de l'Eglise. Cet ordre, qui a son fondement et sa règle nécessaire dans le premier, comprend cet ensemble de spéculations, par lesquelles les individus, les peuples, l'humanité s'efforcent d'agrandir la sphère de la raison.

Nous pensons que si le catholicisme maintient immuablement le premier ordre ou l'ordre fondamental, il est en même temps dans sa nature de favoriser les progrès de la science, de sorte que la perfection à laquelle, sous ce rapport, il appelle l'humanité se trouveroit réalisée dans un état de choses, où la plus grande stabilité dans la foi seroit combinée avec la plus grande activité de l'intelligence.

Venons maintenant à notre profession de foi comme catholiques.

Profession de foi.

La tradition générale de l'Eglise catholique atteste que Jésus-Christ a transmis son pouvoir à Pierre et à ses successeurs, que *tout ce qu*'ils auront *lié sur la terre sera lié dans le Ciel;* que *tout ce qu*'ils auront *délié sur la terre sera délié dans le Ciel;* que le pontife romain, en un mot, est le chef de toute l'Eglise, le père, le *docteur* de tous les chrétiens, et qu'il a reçu de Jésus-Christ, dans la personne de saint Pierre, le *plein pouvoir* de paître, régir et gouverner l'Eglise universelle (1).

En conséquence, nous faisons profession de la soumission la plus complète à l'autorité du vicaire de Jésus-Christ. Nous n'avons, nous ne voulons avoir d'autre foi que sa foi, d'autre doctrine que sa doctrine. Nous approuvons tout ce qu'il approuve, nous condamnons tout ce qu'il condamne, sans ombre de restriction, et chacun de nous soumet au jugement du Saint-Siége tous ses écrits passés ou futurs, de quelque nature qu'ils soient.

D'après ces principes, profondément gravés dans nos ames, nous repoussons de toutes nos forces le gallicanisme, d'abord parce que la déclaration de 1682, qui en est l'expression, a été *cassée, annulée, improuvée* (2) plusieurs fois par le Saint-Siége, sans distinction d'ar-

----

(1) Concile général de Florence.

(2) Omnia et singula, quæ tam quoad extensionem juris regaliæ, quàm quoad declarationem de potestate ecclesiasticâ, ac quatuor propositiones in câ

ticles ; et ensuite parce que la doctrine qu'elle renferme, opposée à l'invariable enseignement de l'Eglise romaine, établit à la fois l'anarchie dans la société spirituelle, et la servitude dans la société politique.

Les *évêques*, étant chargés par l'*Esprit saint* de *gouverner*, sous la conduite du souverain Pontife, l'*Eglise de Dieu*, nous faisons aussi profession de croire qu'en tout ce qui tient à l'administration spirituelle de chaque diocèse, prêtres et laïques doivent fidèlement obéir aux ordres de l'évêque institué par le Pape, excepté le cas où ses ordres seroient contraires aux décrets de l'autorité supérieure. C'est pour cela que nous ne reconnoissons à aucun évêque le droit de faire signer à ses prêtres les quatre articles de 1682, improuvés par le Saint-Siége. Et, quant à la conduite à tenir, dans le sacrement de pénitence, envers les prêtres qui admettent ou professent la doctrine de ces quatre articles, nous croyons que l'on doit se conformer à la décision de la sacrée pénitencerie, en date du 27 septembre 1820.

Du pouvoir temporel.

Outre le pouvoir spirituel dont la plénitude réside dans le pontife romain, nous reconnoissons l'existence d'un pouvoir différent, appelé pouvoir temporel. Nous croyons à la distinction de ces deux puissances, parce qu'elle a été invariablement maintenue par la tradition de l'Eglise, et de plus nous la concevons comme résultant de la nature des choses. Car, de même qu'il existe, pour la raison, deux ordres, l'un de foi, l'autre de science, de même il existe, relativement aux actions humaines, deux ordres également distincts, l'un qui renferme tout ce qui est prescrit par la loi divine, l'autre, dans lequel les hommes se conduisent d'après leurs propres opinions, et qui est dès-lors dépendant de leur volonté pour les mêmes motifs et dans les mêmes limites que l'ordre de science dépend de leur raison. Ce second ordre forme le domaine propre de la société temporelle, laquelle ne peut subsister, comme société, que moyennant un pouvoir du même genre, c'est-à-dire, un pouvoir déterminé, sous divers rapports, comme nous l'expliquerons bientôt, par les conventions humaines, tandis que la société spirituelle et le pouvoir qui la régit sont, par leur nature même, indépendants de toute espèce de convention.

---

contentas, in supradictis comitiis cleri gallicani anni 1802 habitis acta et gesta fuerunt cum omnibus et singulis mandatis, arrestis, etc., improbamus, cassamus, irritamus, et annulamus.... deque eorum nullitate coram Domino protestamur. Bulle *Inter multiplices* d'Alexandre VIII.

Des rapports de la puissance spirituelle et de la puissance temporelle.

Mais si nous admettons la distinction de ces deux puissances, nous ne pouvons, comme catholiques, admettre qu'elles soient réciproquement indépendantes. Car les conventions humaines n'étant libres qu'à la condition de ne pas violer la loi divine, qui est leur règle permanente, l'ordre temporel, qui se compose de ces conventions, est par là même subordonné à l'ordre spirituel, qui renferme cette loi, et les deux pouvoirs sont nécessairement entre eux dans les mêmes rapports que les deux sociétés qu'ils représentent.

Nous reconnoissons, en ce sens, cette subordination, parce qu'elle appartient à la foi catholique, comme il sera dit ci-dessous, lorsqu'il sera plus spécialement question du pouvoir politique.

De l'union de l'Eglise et de l'Etat.

« Sans des croyances communes, d'où dérivent des devoirs com-
» muns, nulle société stable, et même nulle société possible. Car il
» n'existe de vraie société qu'entre les êtres intelligents, et si les in-
» térêts peuvent momentanément rapprocher les hommes, le nœud
» qui les unit doit, pour employer l'expression de Pascal, prendre ses
» *plis et replis* dans quelque chose de bien autrement profond, dans
» ce que leur nature recèle à la fois de plus intime et de plus noble.
» Ce lien des esprits, cette loi qui, en réglant les pensées et les vo-
» lontés, ramène l'individu à l'unité sociale, est ce que tous les
» peuples aussi appellent religion ; et tous les peuples aussi ont vu
» dans la religion le premier fondement, la condition essentielle de
» toute société ; et celle dont l'objet propre est de régler les rapports
» politiques et civils, ou les rapports extérieurs entre les hommes,
» n'est que l'extension, le complément de la société primitive des
» esprits.

» Naturellement la société religieuse et civile, l'Église et l'État sont
» donc inséparables : voilà l'ordre. Mais il peut arriver que les
» croyances se divisant, il se forme, dans l'État, en quelque ma-
» nière, plusieurs sociétés spirituelles ; et dès-lors l'État ne pouvant
» s'identifier avec l'une sans rompre avec les autres, il s'ensuit d'a-
» bord que chacune d'elles tendant, pour ainsi dire, à se constituer
» extérieurement, ou à faire dans l'État un autre État, la guerre de
» croyances ou d'opinions devient une guerre politique et civile per-
» manente ; et, en second lieu, que chaque opinion ou chaque
» croyance prévalant tour à tour, elles finissent par être toutes op-
» primées successivement. La force remplaçant la discussion, au lieu
» de s'éclairer on s'irrite ; les passions s'exaltent ; on ne s'écoute
» même plus ; l'anarchie devient interminable. Le remède, l'unique

» remède à un mal si grand est de laisser cette guerre spirituelle se
» poursuivre et se terminer par des armes spirituelles (1). »

Conséquence de ce qui précède.

D'après ces principes sur la nature et les rapports des deux sociétés religieuse et politique, nous professons :

1° Que le pouvoir temporel n'a par lui-même aucun droit d'exiger soit une déclaration de doctrine, qui auroit été *improuvée* par
le Saint-Siége, soit une déclaration de doctrine quelconque. Lui reconnoître ce droit, ce seroit lui donner celui d'opprimer les consciences, ce seroit admettre un principe de schisme.

2° Que le droit que s'arrogent certains gouvernements de permettre, de suspendre, ou d'interdire à leur gré les rapports des
Eglises particulières et des évêques avec le chef de l'Eglise, et notamment d'empêcher, selon leur bon plaisir, la publication des
actes du Saint-Siége relatifs à la foi, aux mœurs et à la discipline,
que ce prétendu droit, disons-nous, attaque directement l'existence
de l'Eglise même, puisque ces communications constituent la vie
du catholicisme ; et nous déclarons en outre qu'en ce qui nous
concerne particulièrement comme Français, cette prétention n'est
que le reste d'un vieux despotisme, destructif de la liberté religieuse, garantie par la loi fondamentale de la France.

3° Qu'il en est de même des dispositions des articles dits organiques du concordat de 1801, contre lesquelles le Saint-Siége a
protesté, et des ordonnances ou actes du gouvernement qui placent dans sa dépendance soit l'éducation ecclésiastique en particulier, soit l'éducation chrétienne en général.

4° Que, si le gouvernement a le droit de régler, par rapport au
mariage, l'état civil des parents et des enfants, sa juridiction ne
s'étend point et ne peut s'étendre sur le lien divin, qui constitue le
mariage même ; qu'en conséquence, un mariage contracté selon les
lois de l'Eglise, est et demeure valide, lors même que l'Etat n'en
reconnoîtroit pas la validité sous les rapports civils, les seuls que
ces lois puissent atteindre. Nous adhérons pleinement, à ce sujet, à
la doctrine exprimée dans la lettre encyclique du pape Pie VIII.

De la société politique et civile.

Relativement à la société politique et civile, nous distinguons
deux ordres, savoir, l'ordre essentiellement légitime, invariable et
universel, parce qu'il n'est que la loi même de justice protectrice

---

(1) *L'Avenir*, 18 octobre 1830.

de tous les droits; et l'ordre purement légal, qui, variant suivant les temps et les lieux, dépend des conventions humaines.

De l'ordre légitime.

Du droit divin.

La société politique et civile ne pouvant subsister sans un pouvoir, c'est-à-dire, une force prépondérante destinée à ramener à l'ordre ou au respect des droits de tous les volontés perverses qui, depuis la chute originelle, s'efforcent constamment de le troubler par la violence, ce pouvoir est évidemment, en ce sens, de droit divin, puisque Dieu, qui a fait l'homme être social, veut tout ce qui est nécessaire à la conservation de la société. L'Eglise catholique a constamment enseigné cette doctrine, dont la négation renfermeroit la destruction de toute idée de droit et de l'idée de Dieu, en supposant un droit, une justice qui ne dériveroit pas de la justice suprême et essentielle, qui est Dieu même.

Nous reconnoissons en même temps, et d'après les mêmes principes, que les individus, les familles, les peuples ont également des droits divins, qui ne sont point une concession des princes, mais qui ont leur source dans quelque chose d'antérieur et de supérieur à tout pouvoir politique quelconque. Autrement il faudroit dire que la loi de justice dépend de la volonté arbitraire d'un ou plusieurs hommes, et qu'il n'existe aucun devoir pour les souverains, car tout devoir de leur part suppose nécessairement des droits correspondants qui le déterminent. Voilà pourquoi nous disons que la liberté, c'est-à-dire, un régime protecteur de la justice, est aussi de droit divin; et comme le pouvoir politique n'est nécessaire ou voulu de Dieu que pour maintenir cette loi de justice, et procurer son complet développement, selon les besoins de chaque époque, le pouvoir dès-lors n'est de droit divin qu'à la condition de protéger le droit divin des peuples à la liberté. C'est dans ce sens que la tradition catholique a toujours interprété cette parole de l'Ecriture : Le prince est le *ministre de Dieu pour le bien : Minister Dei in bonum.*

De l'amissibilité du pouvoir.

D'après cette notion catholique du pouvoir, nous admettons que, lorsque la force sociale prépondérante, au lieu d'être conservatrice, se transforme en force destructive des droits de tous, et viole fondamentalement la loi de la justice, elle cesse d'être ce pouvoir légitime, qui n'est d'institution divine que parce qu'il est nécessaire à la conservation de l'ordre social. Aussi le pape Pie VI, expliquant, dans un bref adressé aux catholiques français, ce mot de l'Apôtre : *Toute puissance vient de Dieu*, a pris soin de leur faire remarquer que tout cela est dit, *non pas de chaque prince*, mais *du pouvoir en général*. L'amissibilité du pouvoir, pour cause d'indignité ou de tyrannie, est une vérité qui fait partie de la doctrine catholique. S'il n'en étoit pas ainsi, les actes des Papes et des conciles généraux pendant une longue suite de siècles eussent manqué de base, et l'Eglise auroit elle-même violé sa propre doctrine.

Que si tel pouvoir particulier peut cesser d'être légitime, la société, fondée sur le droit, ne doit pas pour cela être condamnée à périr; et dès-lors il est nécessaire qu'il y ait un moyen de substituer à cette force destructive de la justice un pouvoir vrai ou conservateur. Ce moyen, quel qu'il soit, ne doit pas être un acte de force brute, puisqu'il a pour but de replacer la société sur la base de la justice. Il doit donc être un acte moral, un acte de raison et de conscience, c'est-à-dire, qu'il doit être réglé fondamentalement par la loi divine, et qu'ainsi il dépend, au même degré, du moyen même par lequel les hommes connoissent, d'une manière certaine, cette loi. Ces principes sont communs à tous les temps et à tous les lieux. Mais pour se former une idée juste de leur application, on doit distinguer les peuples chez lesquels la société est constituée catholiquement, de ceux qui se sont trouvés ou se trouvent, à divers égards, en dehors de l'ordre social catholique.

La différence radicale qui sépare du catholicisme les diverses sectes protestantes et philosophiques consiste en ce que le catholique prend pour règle l'autorité religieuse universelle, tandis que le protestant et le philosophe ne reconnaissent d'autre règle que leur opinion individuelle. De même que ceux-ci décident souverainement, chacun d'après sa manière de voir particulière, les questions de conscience, relatives au droit de commander et au devoir d'obéir, de même les peuples, constitués catholiquement, seroient inconséquents au principe fondamental du catholicisme, s'ils ne reconnoissoient, comme tribunal souverain, la suprême autorité religieuse, toutes les fois qu'une question sociale dépend de l'interprétation et de l'application de la loi divine. Ceci ayant été expliqué ailleurs fort au long, il n'est pas nécessaire d'exposer ici l'ordre social catholique dans toute son étendue, et nous nous bornons à déclarer que nous en admettons les bases telles qu'elles sont très-clairement établies par la bulle *Unam sanctam*, insérée par ordre de Clément V dans le corps du droit canon. Et pour qu'on ne puisse se méprendre, en aucune manière, sur notre pensée, nous ajouterons que nous ne confondons point le droit inhérent à la souveraineté spirituelle avec les formes sociales particulières aux sociétés du moyen âge, formes qui rentrent dans ce que nous appelons l'ordre légal, et qui dépendent dès-lors, comme nous l'expliquerons bientôt, des conventions humaines.

L'ordre social catholique a pour objet de garantir les peuples contre la tyrannie, en leur épargnant les calamités qui accompagnent toujours les résistances violentes ou les révolutions; de la même manière que l'institution des tribunaux a pour objet de garantir les personnes et les propriétés, en évitant les dangers de la défense personnelle. Tendant à constituer l'humanité entière dans une grande société de peuples, il est le perfectionnement de l'ordre social primitif.

Mais tous les peuples ne sont pas encore en état de participer à ce bienfait. Car outre ceux qui sont totalement étrangers au catholicisme, il en est d'autres chez lesquels, bien qu'un grand nombre d'individus professent la vraie foi, l'Etat est néanmoins hors de l'ordre social catholique, soit parce qu'étant divisés de croyances, ils ne peuvent agir catholiquement comme peuples, soit parce que des circonstances, qui datent de plusieurs siècles, s'opposent à l'intervention efficace de l'autorité religieuse en leur faveur. Or, dans tout état de choses auquel les principes de l'ordre social catholique ne sont point applicables, les sociétés repassent, pour le cas d'oppression réellement tyrannique, sous l'empire de ces principes généraux que la grande majorité des théologiens, et à leur tête saint Thomas, considèrent comme le droit commun des peuples. « Le régime tyrannique, dit » l'Ange de l'école, est injuste, parce qu'il a pour fin, non le bien » commun, mais le bien particulier de celui qui gouverne. En consé- » quence la destruction de ce régime n'a point le caractère de sédition; » excepté le cas où elle entraîneroit de si grands désordres que la » multitude des sujets souffriroit plus de cette destruction que du » régime tyrannique lui-même (1). »

En adhérant aux principes de saint Thomas et des autres théologiens, nous ferons deux observations.

Premièrement, leur doctrine ne peut pas être confondue avec la doctrine que Jurieu et Rousseau ont défendue sous le nom de souveraineté du peuple. Celle-ci, en effet, consiste fondamentalement à supposer que le peuple n'a d'autre loi que sa volonté, laquelle

______

(1) Regimen tyrannicum non est justum, quia non ordinatur ad bonum commune, sed ad bonum privatum regentis.... ideo perturbatio hujus regiminis non habet rationem seditionis; nisi forte quando sic inordinate perturbatur tyranni regimen, quòd multitudo subjecta majus detrimentum patitur ex perturbatione consequenti quàm ex tyranni regimine. *Sum. th., sec. secund.* q. XLII. art. II, ad. 3.

crée la justice : doctrine qui renferme évidemment l'athéisme, et dont il ne peut jamais sortir que d'épouvantables calamités. Les théologiens catholiques, au contraire, posent en principe, que chaque peuple est soumis, comme les individus, à la loi divine de justice, essentiellement indépendante de sa volonté, et promulguée par la conscience du genre humain : en conséquence ils établissent que le droit de résistance, réglé par cette loi, ne peut s'exercer que lorsque cette résistance est nécessaire pour faire prévaloir la justice contre la force perturbatrice de la société.

En second lieu, les théologiens ne se sont point dissimulé les énormes abus qui pouvoient vicier, dans plusieurs cas, l'exercice de ce droit terrible. Mais ils ont pensé qu'en cette matière, comme dans toutes les autres, les abus ne détruisent pas un droit réel. Personne ne nie la légitimité de la défense personnelle contre un assassin, bien que chaque individu puisse se tromper dans l'application de ce droit, et dépasser les limites de ce que les jurisconsultes appellent le *moderamen inculpatæ tutelæ.* Les théologiens ont raisonné de même à l'égard d'un peuple qui se trouveroit placé, par un tyran, dans une sorte de guet-à-pens social. La seule conséquence que l'on puisse tirer de ces redoutables luttes, c'est que l'humanité doit hâter par ses vœux l'époque où les peuples concourront d'eux-mêmes au rétablissement de l'ordre social catholique, de cet ordre qui substitue, à l'état de guerre entre le pouvoir et les sujets, inévitable en tout autre système, l'intervention d'une autorité essentiellement pacifique.

De l'ordre légal.

L'ordre légal comprend cet ensemble de prescriptions qui varient suivant les temps et les lieux, et qui ont pour but d'assurer l'application de la loi universelle de justice, aussi parfaitement que le permet l'état intellectuel, moral et physique de chaque peuple.

Considéré en général, l'ordre légal est nécessaire à la conservation de la société, au même degré que le pouvoir politique lui-même, et ils ont l'un et l'autre leur raison première dans l'ordre légitime, qui est aussi leur règle invariable.

Chaque ordre légal particulier n'est pas arbitraire, en ce sens que l'un ne soit pas préférable à l'autre, ou qu'ils correspondent tous également aux besoins de la société. Mais il est arbitraire, en ce sens que n'étant pas déterminé par la loi de justice universellement connue, il dépend, dans son institution, des opinions et des conventions humaines.

L'ordre légal renferme deux objets principaux, d'où tout le reste dérive : 1° les formes d'après lesquelles le pouvoir politique s'établit et se transmet dans chaque pays; 2° les conditions particulières qui déterminent, dans chaque société, les limites dans lesquelles le pouvoir doit se renfermer : ce qui constitue les diverses espèces de gouvernement.

Sur le premier point, nous adhérons à la doctrine enseignée par les théologiens catholiques, savoir : que, si l'on excepte les sociétés patriarchales, régies par l'autorité du chef de famille, les formes d'après lesquelles chaque pouvoir politique s'établit, et qui en règlent la transmission, dépendent primitivement du consentement formel ou tacite de la communauté. Tel est, dit Suarèz, la doctrine commune, non-seulement des théologiens, mais encore des jurisconsultes (1). Elle est fondée sur ce principe qu'une forme de gouvernement, qui n'est pas d'institution divine, ne peut avoir d'autre base qu'un pacte humain.

Les théologiens admettent en conséquence, et nous admettons avec eux que ce pacte peut déterminer des conditions particulières auxquelles les dépositaires du pouvoir soient tenus de se conformer. C'est ainsi que dans les monarchies catholiques du moyen âge, la souveraineté étoit conditionnelle, non seulement en vertu de la loi de justice, antérieure à tout pacte, et qu'aucun pouvoir politique ne peut détruire fondamentalement sans se détruire lui-même, mais encore en vertu de certaines stipulations expresses, que les rois juroient dans leur sacre, et que, d'après le droit public de cette époque, ils ne pouvoient fouler aux pieds, sans forfaire à leurs propres droits à la couronne.

Ici encore nous remarquerons que la doctrine de l'école, suivant laquelle la société politique renferme, à certains égards, un contrat synallagmatique entre le souverain et les sujets, diffère essentiellement, pour la même raison précédemment indiquée, de la doctrine du contrat social, telle qu'elle a été soutenue par des protestants, et des philosophes du dix-huitième siècle. Elle en diffère de deux manières ; car, d'abord, le pacte admis par les théologiens ne tombe que sur ce qui n'est pas antérieurement déterminé par la loi divine de justice, au lieu que, suivant Rousseau, le contrat social constitue la loi de justice même. Secondement, Rousseau soutient, conséquemment à son principe, que les hommes sont parfaitement libres de dissoudre l'ordre social, comme ils ont été maîtres, suivant lui, de l'instituer. Les théologiens établissent, au contraire, que la

---

(1) Cardinalis Bellarminus non inter populum et Deum medium posuit, sed inter regem et Deum voluit populum esse medium, per quod rex talem accipit potestatem. *Def. fid. catholic.*, lib. III, cap. ii... Hæc resolutio quoad omnes partes communis est, non solùm theologorum sed etiam juris peritorum. *Ibid.*

société est l'état naturel de l'homme, qu'elle est, dès lors d'institution divine, et que, si les diverses formes sociales dépendent du consentement des hommes, l'obligation de maintenir l'état social n'en dépend point.

Conformément à la doctrine des théologiens, qui suppose que chaque ordre légal, d'institution humaine, est inévitablement sujet à des modifications et des renouvellements successifs, nous pensons qu'il peut être changé ou cesser principalement de trois manières. « D'abord, il peut cesser de la même manière qu'il a été établi, »c'est-à-dire, par voie de consentement. *Per quascumque causas res »nascitur, per easdem dissolvitur.* Ainsi, dans l'ancienne monarchie »française, le roi et les états-généraux auroient pu changer l'ordre »légal de succession au trône. Il peut cesser, en second lieu, par voie »de procès ou de guerre. Qu'il s'élève entre deux individus une »contestation au sujet d'un contrat qui règle leurs obligations réci»proques, ils recourent à un tribunal. Si deux nations ne s'accordent »pas sur l'observation d'un traité, elles en appellent, s'il y a lieu, à »une puissance médiatrice. De même, dans un ordre social où l'on »reconnoîtroit, comme dans le moyen âge, un arbitre entre les »peuples et les rois, leurs dissensions pourroient être terminées par »des moyens juridiques; mais partout où il n'existe pas un tribunal, »un médiateur, un arbitre pour mettre fin pacifiquement aux contes»tations particulières ou nationales, la force en décide. La guerre »remplace le procès, et c'est là même la raison de sa nécessité. Enfin »il y a, dans l'histoire des sociétés, des époques où tout un ancien »ordre légal se disloque, chancelle et s'écroule, en même temps que »l'époque est encore loin où un nouvel ordre pourra être solidement »établi. Dans ces grandes crises on repasse sous l'empire de l'ordre »légitime seul. Alors il ne s'agit pas d'examiner en quelles mains »devroit se trouver la force sociale, selon l'ordre légal précédemment »établi; on doit se demander seulement quelles sont les forces qui »s'exercent conformément à la loi de justice, ou qui protégent la vie, »les propriétés, la liberté de tous, quelles sont celles qui agissent en »sens contraire; et s'il s'établit une force prépondérante, qui cherche »à se légitimer par le respect des droits de tous, toutes les forces »individuelles doivent se grouper autour d'elle, pour maintenir la loi »de justice, ou l'ordre éternellement légitime (1). »

L'ordre légal n'étant nécessaire, comme le pouvoir temporel luimême, que pour maintenir l'ordre légitime contre les attentats des passions, nous pensons qu'à mesure qu'un peuple fait des progrès

____

(1) *L'Avenir,* 20 octobre 1830.

en intelligence et en moralité, la nécessité du joug légal diminue dans la même proportion, et qu'ainsi le catholicisme, en perfectionnant continuellement la raison sociale et les mœurs, tend, par son action propre, à resserrer l'intervention de la force dans des limites de plus en plus étroites, et à gouverner l'humanité, autant que le permet la corruption native de l'homme, par les lois pures de l'intelligence et de l'amour.

Propositions rejetées par les rédacteurs de l'Avenir.

Pour rendre plus clair encore cet exposé sommaire de nos doctrines, nous allons les présenter sous une autre forme, en produisant ici une série de propositions que nous faisons profession de rejeter.

De la raison.

1. La raison particulière de chaque homme doit être la règle primitive et fondamentale de toutes ses croyances.

2. Lorsque la conviction particulière d'un individu se trouve en opposition avec les croyances perpétuelles et universelles, il doit s'en tenir à son sens privé préférablement au sens commun.

3. Il y a dans la vie de l'homme une époque où, pour se conformer aux lois de la raison, il doit tenir en suspens, provisoirement du moins, toutes ses croyances.

Nous considérons ces trois propositions comme subversives du catholicisme, et comme le principe logique de toutes les hérésies.

Du pouvoir spirituel.

4. Le concile général est supérieur au Pape.

Nous regardons cette proposition comme destructive de la constitution monarchique de l'Eglise, laquelle est de foi (1).

5. Le pouvoir du Pape doit être modéré par les canons.

Nous rejetons cette proposition, en tant qu'elle suppose, ou que le Pape ne peut pas s'élever au-dessus des canons, lorsque le bien de l'Église le demande, où que ce n'est pas à lui qu'il appartient de juger souverainement si le bien de l'Église le demande. Nous considérons dès-lors cette proposition comme principe de schisme, et spécialement parce qu'elle attaque la légitimité et la validité

---

(1) *Monarchiæ formam non fuisse immediatè in Ecclesiâ à Christo institutam. Hœc propositio est hœretica, schismatica, ordinis hierarchici subversiva, et pacis Ecclesiæ perturbativa.* Censure du livre de Marc-Antoine de Dominis, par la faculté de Théologie de Paris. *Collectio judic.*, Tom. I; part. II, page 105.

du concordat de 1801, par lequel le Pape s'est placé au-dessus des canons.

6. Dans les matières de foi, le jugement du pontife romain n'est irréformable qu'après que le consentement de l'Église s'y est joint.

Nous rejetons cette proposition, particulièrement 1° parce que les Papes n'ont jamais souffert qu'on tînt douteuses un seul moment l'autorité de leurs décisions adressées à l'Église entière ; 2° parce que cette proposition est contraire à la profession de foi sanctionnée par le huitième concile général, suivant laquelle *on doit suivre en tout le Siège apostolique, dans lequel réside l'entière et vraie solidité de la religion chrétienne*, et ne point réciter dans les sacrés mystères les noms de ceux qui sont séparés de la communion de l'Église catholique, c'est-à-dire, qui n'ont pas *en tout* les mêmes sentimens que le Siége apostolique (1) ; 3° parce que cette proposition implique une des propositions suivantes :

Ou que le pape venant à tomber dans l'erreur en décidant, comme Pape, une question de foi, l'Église adhéreroit à cette erreur, ce qui renverse complètement l'infaillibilité qui lui a été promise par Jésus-Christ.

Ou que le corps des évêques ramèneroit le Pape à la vraie foi ; ce qui suppose que le centre d'unité peut se trouver hors de l'Église romaine ;

Ou enfin que l'autorité du Pape, d'une part, et celle des évêques de l'autre, se balanceroient mutuellement, c'est-à-dire, qu'il est possible que l'Église, ayant à sa tête un Pape très-légitime, avec un concile très-régulièrement assemblé, soit néanmoins dépourvue pendant quelque temps de l'autorité suprême qui donne la dernière force à ses décisions.

Ces trois propositions sont rejetées par nous, comme directement contraires à la foi catholique.

7. On doit obéir aux ordres d'un évêque, dans le cas même où il

---

(1) Prima salus est rectæ fidei regulam custodire, et à patrum traditione nullatenus deviare ; quia non potest Domini nostri Jesu-Christi prætermitti sententia dicentis : *Tu es Petrus, et super hanc petram ædificabo Ecclesiam meam.* Hæc quæ dicta sunt rerum probantur effectibus ; quia in sede apostolicâ immaculata est semper servata religio. Undè, sequentes in omnibus apostolicam sedem, et prædicantes ejus omnia constituta, spero ut in unâ communione vobiscum, quam sedes apostolica prædicat, esse merear, *in quâ est integra et vera christianæ religionis soliditas;* promittens etiam sequestratos à communione Ecclesiæ catholicæ, id est, *non in omnibus consentientes sedi apostolicæ,* eorum nomina inter sacra non recitenda esse mysteria.

prescrirait de signer et d'approuver une déclaration improuvée par le Saint-Siége.

Nous rejetons cette proposition comme principe de schisme.

Du pouvoir temporel et de la société politique et civile.

8. Il n'existe pas deux puissances distinctes, l'une spirituelle, l'autre temporelle.

Nous repoussons cette proposition comme contraire à la tradition de l'Eglise.

9. Les rois et les princes sont, par l'ordre de Dieu, indépendants, dans les choses temporelles, de toute puissance ecclésiastique.

Nous ne rejetons point cette proposition en tant qu'elle implique la distinction des deux puissances, mais en tant qu'elle suppose :

Ou que les choses temporelles n'ont pas pour règle fondamentale la loi divine ;

Ou que la puissance ecclésiastique n'est pas l'interprète de la loi divine, dans ses rapports avec l'ordre temporel;

Ou enfin que les rois ne sont pas soumis, aussi bien que les autres hommes, aux décisions de la puissance ecclésiastique, interprétant la loi divine dans ses rapports avec l'ordre temporel.

Nous rejetons ces trois propositions comme contraires à la tradition de l'Eglise.

10. Le peuple n'est pas soumis non plus à une loi divine de justice, indépendante de sa volonté : il n'a pas besoin d'avoir raison pour valider ses actes.

Nous rejetons cette proposition comme renfermant l'athéisme, et comme subversive de la société.

11. Les individus, les familles, les peuples n'ont que des droits résultants des concessions des princes.

Nous rejetons cette proposition, comme subversive de la société, ainsi que la précédente, et impliquant également la destruction de la loi divine de justice.

De l'amissibilité du pouvoir.

12. Le pouvoir est de droit inamissible, et ne peut jamais cesser d'être légitime, lors même que ceux qui en sont investis deviendroient tyrans ou destructeurs de l'ordre social spirituel ou temporel.

Nous rejetons cette proposition comme absolument contraire à la doctrine de l'Eglise, manifestée par les actes des Papes et des conciles généraux.

13. Dans l'ordre social catholique, le suprême pouvoir spirituel

n'a pas le droit de décider des questions de conscience, relatives à la légitimité du pouvoir temporel.

Nous rejetons également cette proposition, comme formellement contraire à la doctrine de l'Eglise manifestée par les actes des Papes et des conciles généraux, de sorte que, si cette proposition étoit vraie, il faudroit admettre que l'Eglise s'est trompée, ou a trompé le monde sur la nature et l'étendue de sa propre autorité.

14. La doctrine des théologiens, selon laquelle la communauté a droit de résister, pour sa conservation, à ce genre d'oppression qui constitue ce que le sens commun appelle tyrannie, est fausse, anti-sociale et identique au principe de Rousseau sur la souveraineté du peuple.

Nous rejetons cette proposition comme fausse en elle-même, et injurieuse à l'enseignement commun des théologiens les plus autorisés par l'Eglise.

De l'ordre légal.

15. En soutenant que les diverses formes légales, d'après lesquelles le pouvoir politique s'établit et se transmet, supposent radicalement le consentement de la communauté, la plupart des théologiens ont enseigné une doctrine fausse et anti-sociale.

Nous rejetons cette proposition pour les mêmes motifs que la précédente.

Observation générale.

En rejetant les propositions qui viennent d'être énoncées, et en adhérant aux doctrines antérieurement exposées, nous ne nous appuyons pas fondamentalement sur nos propres conceptions. Le principe fondamental d'après lequel nous adhérons à ces doctrines, c'est qu'elles appartiennent respectivement ou à l'essence même du catholicisme, ou à la foi de l'Eglise, ou à la doctrine de l'Eglise, quoique non encore revêtues d'une définition expresse, ou à l'enseignement commun des théologiens catholiques. Nous rejetons, d'après le même principe fondamental, les propositions que nous avons énumérées.

De l'application de ces doctrines à l'état actuel des choses en France.

Les faits qui concernent l'état actuel de la France ne rentrent point par eux-mêmes dans une exposition de nos doctrines. Mais comme nous appliquons plus ou moins immédiatement ces doctrines à ces faits, nous croyons devoir indiquer aussi les principales conséquences pratiques que nous en tirons.

Nous adhérons pleinement aux décisions du pape Pie VIII, qui approuvent le serment de fidélité au Roi des Français, et nous désapprouvons tout prêtre qui, oubliant ses devoirs, oseroit inquiéter à ce sujet les consciences.

Nous protestons en même temps que nous ne devons obéissance au gouvernement qu'à condition qu'il sera lui-même fidèle au pacte social, désigné sous le nom de Charte de 1830, qu'il a juré d'observer, qui est le titre même de son existence, et qui ne lui a conféré des droits qu'en stipulant les nôtres.

Ceux de nos droits qui intéressent plus particulièrement la religion, sont : 1° la liberté de la presse, 2° la liberté d'éducation, 3° la liberté d'association.

Nous voulons la liberté de la presse, comme garantie nécessaire de tous nos autres droits, et en particulier de nos droits religieux. Car nous ne pourrions livrer cette liberté au gouvernement, politiquement séparé de toute croyance, sans lui donner le pouvoir d'empêcher, à son gré, la défense de la religion. Que si l'on dit que la liberté doit exister pour le bien et non pour le mal, nous répondons que, quoiqu'il en soit de ce principe abstrait, il n'est susceptible ici d'aucune application. Car, en dernière analyse, ce seroit toujours le gouvernement qui, de fait, jugeroit souverainement de ce qui est bien ou mal, vrai ou faux. Attribuer ce droit au pouvoir politique, ce seroit ruiner la base même du catholicisme.

Nous réclamons, en second lieu, la liberté d'éducation, parce que, sans elle, le gouvernement seroit maître d'opprimer les consciences, et d'anéantir la foi catholique dans notre patrie. L'état déplorable de l'éducation en France, telle que l'a faite le monopole de l'Université, ajoute un nouveau poids aux motifs qui nous pressent de demander continuellement cette seconde liberté.

Nous réclamons, troisièmement, la liberté d'association, et, en servant aussi, sous ce rapport, les intérêts généraux du pays, nous croyons servir en particulier les intérêts de l'Eglise, puisque cette liberté comprend celle des communautés religieuses, dont l'existence dépendroit sans cela du despotisme administratif et des triomphes successifs des partis.

A ces divers égards, notre libéralisme est celui des catholiques belges, qui ont établi ces libertés dans leur patrie, celui des catholiques irlandais, qui les défendent ou les réclament.

Enfin, nous savons que, dans un ordre social catholique, l'Eglise et l'Etat doivent être unis. Mais tel n'est plus l'ordre social de la France; et la situation des choses, qui s'aggrave chaque jour, nous fait vivement désirer que l'Eglise et l'Etat y soient complètement séparés, et, surtout, que Rome puisse instituer directement nos évêques, comme elle le pourra bientôt pour la Belgique. Mais nous respectons à ce sujet les limites qu'il ne nous appartient pas de franchir. Nous reconnoissons, sous ce rapport, comme sous tous les autres, son autorité, aussi pleinement que nous nous confions en sa sagesse, et, si nous protestons contre la conduite des gouvernements, qui abusent des concordats pour tromper les intentions de Rome et opprimer l'Eglise, tout ce qui, dans le régime des concordats, porte le sceau du souverain Pontife n'en demeure pas moins inviolable et sacré pour nous.

Conclusion.

Si, dans les principes que nous professons, il y a quelque chose qui soit contraire à la foi ou à la doctrine catholique, nous supplions le Vicaire de Jésus-Christ de daigner nous en avertir, lui renouvelant la promesse de notre parfaite docilité. A Dieu ne plaise que nous puissions jamais mettre nos sentiments particuliers à la place de la tradition de l'Eglise, dont il est l'interprète souverain. Ce qui se passe autour de nous, ce vaste chaos d'opinions ne nous avertit que trop combien chaque homme doit se méfier de ses lumières si foibles, si bornées. Pour nous, la soumission qui est notre premier devoir comme catholiques, est en quelque sorte notre être comme écrivains. Toute parole de révolte dans notre bouche seroit le suicide de toutes nos paroles. Car notre premier principe, le principe vital de nos écrits, l'ame de notre intelligence, c'est que la vérité n'est pas un bien qui nous soit propre, et, depuis notre doctrine sur la raison jusqu'à notre foi en la Chaire éternelle, de toutes parts nous sommes comme enveloppés d'obéissance. Nous finirons, avec la grâce de Dieu, comme nous avons commencé. Après que nous aurons traversé des jours pleins d'épreuves et de combats, lorsque notre dernier soupir aura marqué le terme de nos travaux, on pourra, sans être démenti par aucun souvenir de notre vie, nous en avons l'espérance, on pourra graver sur nos tombes ces mots de Fénélon : *O sainte Eglise de Rome ! si je t'oublie, puissé-je m'oublier moi-même !*

Paris, 2 février 1831.

F. DE LA MENNAIS, *prêtre;* P. GERBET, *prêtre;*
ROHRBACHER, *prêtre;* H. LACORDAIRE, *prêtre;*
C. DE COUX; A. BARTELS; vicomte CH. DE
MONTALEMBERT; DAGUERRE;
HAREL DU TANCREL,
Rédacteur en chef;
WAILLE,
Rédacteur-gérant.

Enfin, un dernier objet était à régler, la destination des sommes parvenues à l'*Avenir* par les nombreuses souscriptions dont sa cause avoit été honorée. Les souscripteurs étoient au nombre de 17,556, le 5 mars. Le montant des souscriptions s'élevoit à 13,489 francs. Il a été résolu qu'après le prélèvement des frais du procès et de l'impression des plaidoyers, le reste seroit appliqué à *l'Agence générale pour la défense de la liberté religieuse*, sauf l'approbation des souscripteurs qui seroit attendue jusqu'au 5 mars prochain, époque à laquelle leur consentement seroit présumé. Cette destination sera justifiée, ce semble, par la lecture des statuts de l'Agence.

AGENCE GÉNÉRALE POUR LA DÉFENSE DE LA LIBERTÉ RELIGIEUSE.

La liberté religieuse est la première de nos libertés, des libertés de l'homme, du chrétien et du citoyen français. L'homme l'a reçue de Dieu en recevant de lui sa conscience; le chrétien l'a reçue de Jésus-Christ en recevant de lui l'Evangile, cette parole destinée à toute créature; le citoyen français l'a reçue de la Charte.

Mais il ne suffit pas d'avoir reçu des droits, il faut encore savoir les défendre et en obtenir le plein développement; il le faut surtout lorsque ces droits sont la cause même de la religion, et qu'on en doit compte à Dieu, à soi et à la postérité. Or, il est visible à tous qu'aujourd'hui cette liberté, qui nous est acquise à tant de titres, subit des vexations, des entraves de tout genre, soit par un reste de despotisme administratif, soit par la malveillance d'individus sans fonctions, soit par l'inimitié personnelle de quelques agens du pouvoir. Des efforts individuels ne peuvent rien contre des attaques si multipliées, et la preuve, c'est que de tant d'actes illégaux contre la liberté religieuse, connus de toute la France, pas un n'a été déféré aux Chambres et aux tribunaux. Au milieu de ce silence universel, la presse catholique est la seule qui ait fait entendre sa voix. Mais son action, quoique puissante, ne répare aucune injustice, et la plainte, si vive qu'elle soit, devient une lâcheté lorsqu'on néglige des moyens faciles et plus efficaces de se pourvoir. Ce sont ces moyens qu'il s'agit de coordonner, en unissant des efforts qui peuvent tout par leur alliance, et qui ne peuvent rien tant qu'ils restent isolés. C'est ce but qu'on se propose d'atteindre par l'établissement d'une *Agence générale pour la défense de la liberté religieuse*.

Voici les principaux objets dont elle s'occupera :

1° Le redressement de tout acte contre la liberté du ministère ecclésiastique, par des poursuites devant les Chambres et devant tous les tribunaux, depuis le conseil d'état jusqu'à la justice de paix.

Dans les procès les plus importans, des publications de mémoires judiciaires, plaidoyers, etc., seront faites aux frais de l'*Agence générale* et répandues par toute la France.

2° Le soutien de tout établissement d'instruction primaire, secondaire et supérieure, contre tous les actes arbitraires attentatoires à la liberté d'enseignement, sans laquelle il n'y a plus ni Charte, ni religion.

3° Le maintien du droit qui appartient à tous les Français de s'unir pour prier, pour étudier, ou pour obtenir toute autre fin légitime également avantageuse à la religion, aux pauvres et à la civilisation.

4° L'*Agence générale* servira de lien commun à toutes les associations locales qui se sont déjà établies en France, et qui s'y établiront dans le but de former une *assurance mutuelle* contre toutes les tyrannies qui attaqueroient la liberté religieuse. Chacune d'elle aura sans doute sa vie propre, sa comptabilité particulière, son mode d'organisation et d'activité, suivant les besoins de chaque pays; mais en se créant des rapports avec l'*Agence générale*, il en résultera une action plus universelle et plus régulière, qui mettra en communication toutes les ressources avec tous les besoins.

Statuts de l'Agence générale.

ART. 1ᵉʳ. Une Agence générale pour la défense de la liberté religieuse est établie à Paris.

ART. 2. L'Agence ne s'occupera que d'affaires religieuses.

ART. 3. L'Agence est dirigée par un conseil composé de sept membres, qui pourront s'en adjoindre deux autres.

ART. 4. Elle rend compte tous les mois au conseil, et tous les ans aux donateurs, dans un rapport imprimé, de son état matériel et moral, et de l'emploi des fonds.

ART. 5. Tout donateur a droit de demander à l'Agence qu'elle poursuive par toutes les voies énoncées dans le *Prospectus*, tel fait contraire à la liberté religieuse qu'il lui dénoncera.

ART. 6. La demande du donateur sera transmise par l'Agence ou conseil, qui décidera s'il y a lieu ou non à poursuivre. Dans tous les cas, la décision motivée du conseil sera transmise au donateur.

ART. 7. L'abonnement annuel qui constitue le titre de donateur est de 10 francs au moins.

ART. 8. Plusieurs personnes peuvent se réunir pour former cette somme, et, dans ce cas, elles choisiront une d'elles pour correspondre avec l'Agence.

L'*Agence générale* ne commencera aucune opération exigeant des déboursés qu'après avoir réuni un nombre suffisant de donateurs pour être en avance de trente mille francs. Quiconque voudra souscrire en cette qualité, en transmettra l'avis à M. DE COUX, l'un des membres du conseil, *aux bureaux de* l'Avenir, *rue Jacob, n° 20,* et l'appel de fonds ne sera fait que lorsque le taux ci-dessus indiqué aura été atteint. Alors une circulaire sera adressée à tous les donateurs, et leurs droits tels qu'ils sont énoncés dans le *prospectus,* commenceront en même temps que le versement des fonds. *L'Agent général* sera immédiatement désigné par le conseil.

Néanmoins, dès aujourd'hui le *conseil de l'Agence générale* est constitué, et s'occupera de tous les intérêts de la liberté religieuse, selon la portée des moyens qui sont actuellement à sa disposition. Il va dresser le relevé exact des vexations commises contre la liberté religieuse depuis la séparation complète de l'Eglise et de l'Etat par la Charte du 7 août ; il recevra à cet égard tous les renseignements qu'on voudra bien lui transmettre, et les classera, pour les faire valoir de la manière la plus avantageuse au bien commun ; il insérera dans l'*Avenir* les réclamations les plus urgentes ; il se mettra en rapport avec les associations locales dont il a été parlé dans le *Prospectus ;* il rédigera des pétitions aux Chambres. A cet effet, les matériaux recueillis et préparés dans les bureaux de *l'Avenir,* depuis deux mois, sont mis à la disposition du conseil.

Quelque faibles que soient les services rendus à la liberté et à la religion par les membres du conseil soussignés, ils espèrent que les catholiques et les amis de la liberté religieuse ne désavoueront pas leurs efforts et la responsabilité qu'ils prennent sur eux.

Les membres du Conseil de l'Agence générale,

F. DE LA MENNAIS, *Président;* BAILLY DE SURCY; DE COUX; P. GERBET; H. LACORDAIRE; le vicomte CH. DE MONTALEMBERT; A. DE SALINIS.

Catholiques de France! nous terminons ici le compte rendu des premiers efforts qui ont été faits pour votre liberté civile depuis la chute du moyen âge. Ceux qui les ont tentés avec votre secours continueront jusqu'au bout. Tant qu'il leur restera un souffle de vie, quels que soient les événements dont elle sera le jouet, il y aura dans leur cœur une indissoluble alliance de la foi avec la liberté. On cherchera, dans des camps divers, à douter de l'une et de l'autre ; mais la Providence, fidèle à ceux qui vont dans leur route avec simplicité, leur donnera tôt ou tard l'occasion de prouver à tous le double amour qui aura consumé leur âge. Quoiqu'il advienne d'eux, au reste, le dix-neuvième siècle appartient aux catholiques ; la liberté trahie les appelle des déserts de l'Irlande aux déserts de la Pologne ; ils entendront sa voix, et les peuples relèveront dans la patrie l'autel du Dieu, sauveur une seconde fois des franchises du monde !

La lettre suivante qui explique plusieurs points des doctrines catholiques, nous paroît utile à consigner ici comme un monument de notre foi.

RÉPONSE A LA LETTRE DU P. VENTURA (1).

Mon Révérend Père,

Les rédacteurs de l'*Avenir* sont loin de trouver mauvais que vous ayez usé à leur égard du droit qu'a tout homme d'examiner et de juger, selon ses opinions propres, les opinions et les paroles d'un autre homme. Rien ne contribue davantage au progrès de la raison publique et au triomphe de la vérité que ces nobles luttes de l'intelligence, dans lesquelles le vaincu, s'il n'est aveuglé par un coupable et sot orgueil, est aussi heureux de sa défaite que le vainqueur l'est de sa victoire. Mais ils croient que votre procédé eût été plus conforme aux règles des convenances, telles du moins qu'elles sont admises et senties parmi nous, si vous leur aviez adressé directement vos observations, qui eussent aussitôt reçu par eux la publicité que vous désiriez ; comme, en même temps, ils s'étonnent, (et ils ne sont pas les seuls à s'en étonner), que vous, prêtre romain et chef d'ordre, vous ayez choisi pour votre organe précisément l'interprète et le défenseur le plus opiniâtre du gallicanisme si justement réprouvé à Rome. Ce n'est pas qu'ils s'en plaignent, au contraire ; car ce sera pour eux une occasion, assurément inespérée, de repousser, en vous répondant, des insinuations et des attaques que le journal qu'il vous a plu de rendre le dépositaire de vos *protestations*, pouvoit impunément se permettre contre eux, parce qu'il savoit ce que tout le monde sait en France et que vous ignorez, à ce qu'il paroît, que quiconque se respecte ne peut descendre à aucune discussion vraiment sérieuse avec lui.

Les sentiments que vous leur inspirez, mon Révérend Père, sont trop différents, pour qu'ils ne s'empressent pas, quelque peu importante que soit aujourd'hui, dans les immenses questions qui remuent le monde, l'opinion d'un simple individu quel qu'il soit, pour qu'ils ne s'empressent pas, dis-je, d'examiner à leur tour les reproches que vous leur adressez, afin de montrer combien ils sont dépourvus de fondement ; et la confiance que je veux conserver dans la droiture de votre esprit et de votre caractère, me fait un devoir

---

(1) Le P. Ventura avait écrit aux rédacteurs de l'*Avenir* une lettre qu'ils ont insérée dans leur Journal du 9 février.

de penser qu'après avoir lu cette lettre, vous n'hésiterez pas à en convenir vous-même.

Je dois reconnoître d'abord que *vous rendez justice aux doctrines qui dominent dans l'Avenir.* C'est déjà beaucoup, plus que bien des gens ne vous pardonneront; mais peu importe. Voyons ce que vous y blâmez. Ce que vous dites à cet égard se réduit à deux points que je discuterai successivement : *L'Avenir soutient la souveraineté du peuple, l'Avenir semble avoir pris depuis un mois une mauvaise tendance,* c'est-à-dire, comme vous l'expliquez, une tendance révolutionnaire.

Sur le premier point voici vos paroles : « Je ne saurois pardonner »à l'*Avenir* l'article intitulé : *La souveraineté de Dieu exclut-elle la* »*souveraineté du peuple?* Cet article me paroît renfermer tous les »principes subversifs des trônes, de la société, de la religion même »que vous défendez; car de la souveraineté du peuple en politique, »à la souveraineté des fidèles en religion, il n'y a qu'un pas bien »glissant et bien facile à faire. Aussi ces deux principes marchent »toujours ensemble *et conjurant amice.* Je ne m'arrête pas à relever »tout ce que cet article contient de faux, d'absurde, de ruineux. »

Certes, mon Révérend Père, ce sont là des paroles tranchantes et d'injurieuses imputations, s'il en fut jamais; et quand tout-à-l'heure on verra sur quoi elles reposent, on admirera comme moi cette espèce d'aveuglement soudain dont Dieu frappe quelquefois les esprits les plus pénétrants, pour nous apprendre à tous le peu que nous sommes, et nous raffermir, en quelque sorte, dans une salutaire défiance de notre raison si débile et si incertaine.

L'auteur de l'article que vous attaquez avec tant de violence résume ainsi, dès les premières lignes, la doctrine qu'il a dessein de prouver.

« Il est *de foi* que la souveraineté est de Dieu. Il est *de foi* que »c'est de Dieu que les souverains reçoivent leur autorité. » Jusqu'ici, mon Révérend Père, il n'y a probablement rien qui vous *choque.* Continuons : « Mais il n'est pas de foi qu'ils la reçoivent de Dieu »immédiatement. La doctrine commune des théologiens et des ca-»nonistes est, au contraire, que Dieu communique la souveraineté »immédiatement au peuple, et, par le moyen du peuple, à la per-»sonne ou à la communauté gouvernante (1). »

Ici tout se réduit à une question de fait. Est-il vrai que la doctrine attribuée à la plupart des théologiens et des canonistes soit réellement leur doctrine? J'ose assurer, mon Révérend Père, que vous ne le nierez pas. Faudroit-il vous citer de nouveau saint Thomas, qui

____

(1) *L'Avenir,* du 14 décembre 1830.

enseigne en termes exprès que « la puissance législative appartient,
» non pas à aucun particulier, mais à la multitude ou au prince qui
» la représente (1) ? » Faudroit-il vous citer Suarèz, qui, s'appuyant
de l'autorité de saint Ambroise, de saint Grégoire-le-Grand, de saint
Augustin, de Bellarmin, établit « qu'il n'y a point d'intermédiaire
» entre Dieu et le peuple, mais que le peuple est l'intermédiaire entre
» Dieu et le roi, et que c'est par cet intermédiaire que le roi reçoit
» la puissance souveraine (2) ? Faudroit vous citer saint Liguori (3),
Fénelon (4), Bossuet lui-même (5), le défenseur le plus outré de la
puissance royale ? Ou, embarrassé de leurs témoignages et ne les
pouvant contester, direz-vous que saint Ambroise, saint Grégoire-le-
Grand, saint Augustin, saint Thomas, Bellarmin, Suarèz, Fénelon,
saint Liguori, et tant d'autres qu'on pourroit nommer, Billuard,
Bianchi, le plus savant réfutateur de la déclaration de 1682, que
tant de personnages pieux, des saints que l'Eglise a mis au rang de
ses docteurs, ont soutenu, en ce qui regarde le pouvoir, qui est le
fondement de la société humaine, une doctrine *fausse, absurde, rui-
neuse ?* Et il faut bien que vous le disiez, ou que vous reconnoissiez
que vous vous êtes emporté injustement contre l'auteur de l'article,
qui allègue leurs propres paroles et déclare s'en tenir à ce qu'ils ont
enseigné. Je présume trop bien de votre bonne foi pour douter un
instant que vous hésitiez à convenir de votre méprise. Quant à la
distinction que vous faites entre *la canaille* et *le patriciat*, elle est

---

(1) Cùm lex ordinet hominem in bonum commune, non cujuslibet ratio
facere potest legem, sed multitudinis, vel principis vicem multitudinis gerentis. 1, 2, q. 90. a. 3. — *Ibid.* 97, *ad* 3.

(2) Cardinalis Bellarminus non inter populum et Deum medium posuit,
sed inter regem et Deum voluit populum esse, medium, per quod rex talem
accipit potestatem. *Suarez, Defens. fidei cathol. lib. III*, *cap.* 2. — Hæc resolutio, quoad omnes partes communis est, non solùm theologorum, sed etiam
jurisperitorum. *Ibid.* — *Vid. et eod. cap. n.* 11; et *de Legib. lib. III.*

(3) Certum est dari in hominibus potestatem ferendi leges ; sed potestas
hæc, quoad leges civiles, à naturâ nemini competit nisi communitati hominum, et ab hâc transfertur in unum, vel in plures à quibus communitas regatur. *De Legibus*, *l. I, tract.* 2. *n.* 104.

(4) La puissance temporelle vient de la communauté qu'on nomme nation.
La spirituelle vient de Dieu par la mission de son Fils et de ses Apôtres. *OEuvres
de Fénelon, t. XXII, p.* 583, *édit. de Versailles.*

(5) Nous ne nous arrêterons point à ce que l'anonyme prouve longuement,
savoir, que la puissance des rois n'est pas tellement de Dieu, qu'elle ne soit
aussi du consentement des peuples ; personne ne nie cela. *Défens. Lib. IV*, c. 21.

tout-à-fait hors de la question, car dans la tradition de l'Eglise, dont il s'agit ici uniquement, je ne trouve pas qu'il soit parlé ni de *patriciat*, ni de *canaille*; et je vous dirai en passant qu'en France il n'existe de *patriciat* d'aucune sorte, et que je ne connois point de *canaille* parmi ceux qui chez nous jouissent du droit de cité.

Toute la suite de votre discussion portant sur la supposition que l'écrivain que vous attaquez soutient la souveraineté du peuple dans le sens de Rousseau et de Jurieu, sens qu'il a lui-même expressément rejeté (1), et qui implique contradiction avec ses paroles que j'ai remises sous vos yeux, rien n'oblige de s'occuper des conséquences, assez vagues d'ailleurs, que vous tirez de cette fausse supposition. Toutefois pour ne laisser à la chicane la plus subtile et la plus opiniâtre aucun subterfuge, nous répéterons ici ce que nous disions il y a peu de jours dans l'exposition de nos sentiments sur le même sujet.

« En adhérant aux principes de saint Thomas et des autres théo- »logiens, nous ferons deux observations.

»Premièrement, leur doctrine ne peut pas être confondue avec »celle que Jurieu et Rousseau ont défendue sous le nom de souverai- »neté du peuple. Celle-ci, en effet, consiste fondamentalement à »supposer que le peuple n'a d'autre loi que sa volonté, laquelle crée »la justice : doctrine qui renferme évidemment l'athéisme, et dont »il ne peut jamais sortir que d'épouvantables calamités. Les théolo- »giens catholiques, au contraire, posent en principe que chaque »peuple est soumis, comme les individus, à la loi divine de justice, »essentiellement indépendante de sa volonté, et promulguée par la »conscience du genre humain : en conséquence ils établissent que le »droit de résistance, réglé par cette loi, ne peut s'exercer que lors- »que ce droit est nécessaire pour faire prévaloir la justice contre la »force perturbatrice de la société.

»En second lieu, les théologiens ne se sont point dissimulé les »énormes abus qui pouvoient vicier, dans plusieurs cas, l'exercice »de ce droit terrible. Mais ils ont pensé qu'en cette matière, comme »dans toutes les autres, les abus ne détruisent pas un droit réel. »Personne ne nie la légitimité de la défense personnelle contre un »assassin, bien que chaque individu puisse se tromper dans l'applica- »tion de ce droit, et dépasser les limites de ce que les jurisconsultes »appellent *moderamen inculpatæ tutelæ*. Les théologiens ont raisonné »de même à l'égard d'un peuple qui se trouveroit placé par un tyran »dans une sorte de guet-à-pens social. La seule conséquence que »l'on puisse tirer de ces redoutables luttes, c'est que l'humanité doit

---

(1) *Avenir* du 5o janvier.

» hâter par ses vœux l'époque où les peuples concourront d'eux-mê-
» mes au rétablissement de l'ordre social catholique, de cet ordre qui
» substitue à l'état de guerre entre le pouvoir et les sujets, inévitable
» en tout autre système, l'intervention d'une autorité essentiellement
» pacifique (1). »

Il me semble, mon Révérend Père, que cela doit suffire pour
vous tranquilliser sur ce qui concerne la souveraineté du peuple.
Votre zèle, trop prompt à s'alarmer, s'est, je le présume, échauffé
de certaines paroles qui ont pu retentir autour de vous : la réflexion
le calmera. « Je passe, ajoutez-vous, sur le reste de l'article, car ce
» sont des mots qui n'ont point de sens. » Vous auriez pu dire peut-
être, *qui n'ont point de sens pour moi.* Que si vous n'avez pas assez
l'habitude de notre langue pour les avoir compris, je le regretterai
sans doute pour l'auteur; mais rigoureusement, vous l'avouerez,
cela ne conclut rien contre lui.

Venons maintenant au second reproche que vous adressez à
l'*Avenir*, c'est-à-dire, *la mauvaise tendance qu'il semble avoir prise depuis*
un mois. Il a, selon vous, *invité, excité, poussé les peuples, avec toute la*
puissance de la parole, approuvé, loué toutes les révolutions faites, applaudi
d'avance à toutes les révolutions à faire. Apparemment, mon Révérend
Père, vous êtes en état de fournir les preuves de ces violentes incul-
pations. Où sont-elles ? Je les cherche en vain dans votre lettre, et
j'ai droit d'être surpris qu'un homme tel que vous, qu'un prêtre se
permette des accusations de cette nature, conçues en termes si
généraux, qu'ils ôtent presque toute possibilité de défense. Nous nous
défendrons pourtant, non pas devant vous à qui nous ne devons nul
compte de nos paroles ni de nos doctrines, mais devant le Saint-
Siége, qui en est le juge suprême, devant nos frères de tous les pays,
à qui l'on pourroit vous supposer le dessein de rendre notre catholicisme suspect.

En droit donc, nous avons soutenu et nous continuerons de soutenir avec saint Thomas, que « le régime tyrannique est injuste,
» parce qu'il a pour fin, non le bien commun, mais le bien particu-
» lier de celui qui gouverne : qu'en conséquence la destruction de
» ce régime n'a point le caractère de sédition ; excepté le cas où elle
» entraîneroit de si grands désordres que la multitude des sujets
» souffriroit plus de cette destruction que du régime tyrannique lui-
» même (2). » En un mot, nous avons soutenu et nous continuerons
de soutenir, que lorsque le souverain, violant fondamentalement la

____

(1) *Avenir* du 6 février.

(2) Regimen tyrannicum non est justum, quia non ordinatur ad bonum
commune, sed ad bonum privatum regentis.... ideo perturbatio hujus regi-

loi divine de justice, qui est la source unique de toute vraie légitimité, opprime le peuple et lui ravit ses droits religieux, politiques, civils, ce peuple a le droit incontestable de se donner un autre souverain ; et vous-même vous reconnoissez que *le principe de légitimité* (*vous eussiez mieux dit de légalité*), *dans les cas extraordinaires, est subordonné au principe du salut public, qui est la loi souveraine des Etats.* Si donc il existe des pays où le peuple gémisse sous une oppression semblable, *nous applaudissons d'avance aux révolutions à y faire,* et, à moins de renoncer à vos principes, vous devez y applaudir comme nous. Nous vous défions de montrer que jamais nous ayons dit autre chose ; et certes ce seroit aussi une trop exécrable maxime que de prétendre, avec les gallicans, qu'un prince une fois établi peut tout se permettre impunément, et que la tyrannie n'a d'autre remède que la volonté du tyran même. Au surplus nos doctrines à ce sujet, fondées, croyons-nous, sur l'enseignement des Pontifes romains et la tradition de l'Eglise, ont été clairement exposées dans la déclaration que nous avons soumise, avec une docilité sans réserve, au jugement du Siége apostolique (1), et je ne pense pas que, sur ces doctrines, il y ait entre vous et nous aucune opposition.

En fait, nous avons applaudi à l'insurrection de la Belgique et de la Pologne, et nous y applaudissons encore de toutes les forces de notre ame : car nous croyons qu'il ne fut jamais d'oppression plus inique, plus odieuse et plus accablante, que celle qui écrasoit ces deux malheureux peuples, chez lesquels il n'existoit plus de sécurité réelle ni pour les personnes ni pour les propriétés, et à qui le despotisme, infidèle à ses serments, s'efforçoit de ravir leurs droits politiques et civils, leur religion et leur langue même. Et lorsque ignorant ce que l'Europe sait, vous pourriez à cet égard vous faire illusion, il s'ensuivroit bien que, n'admettant pas les faits dont nous tirons la conséquence, vous devez rejeter cette conséquence, mais non pas que nous sommes des révolutionnaires dans le sens où vous usez de ce mot, car vos principes vous obligeroient à tirer de ces faits la même conséquence que nous, si vous en admettiez la vérité comme nous. Et peu importent vos prévoyances sur le résultat final des efforts généreux de ces deux nobles peuples. Nous ne doutons pas du succès des Belges, malgré les ruses d'une ténébreuse diplo-

---

minis non habet rationem seditionis ; nisi fortè quando sic inordinatè perturbatur tyranni regimen, quòd multitudo subjecta majus detrimentum patitur ex perturbatione consequenti quàm ex tyranni regimine. *Sum.* 22, *q.* XLII, *art.* 11 *ad* 5.

(1) Voyez *l'Avenir* du 6 février.

matie : nous tremblons pour la Pologne, seule en face des Tartares prêts à se précipiter sur elle. Mais quand ces deux belles nations, lâchement abandonnées, succomberoient dans une lutte inégale ; quand, au lieu des palmes de la liberté, elles ne cueilleroient que celles du martyre ; quand il ne resteroit d'elles que deux grands tombeaux, tout ce qui a un cœur d'homme, une ame catholique, s'en iroit mouiller de ses larmes les froides pierres qui recouvriroient les ossements de ceux qui, sans tant de calculs, se confiant dans le ciel qui protége la cause juste et sauve quelquefois miraculeusement les pauvres opprimés, s'écrièrent d'une voix unanime : Mourons pour Dieu et la patrie !

Et en vérité, quoi qu'il arrive, il faut que vous ayez, mon Révérend Père, un singulier courage, pour venir attrister par vos paroles lugubres et vos conjectures désolantes ces infortunés catholiques qui, pour sauver leur foi et tout ce qui, avec elle, donne du prix à la vie humaine, ont appris de leurs évêques et de leurs prêtres à ne reculer devant aucun danger ni devant aucun sacrifice. Ah ! jusqu'à ce que la Providence ait décidé dans ses impénétrables conseils, qu'après tout elle ne vous a pas plus dévoilés qu'à nul autre, que leur sublime dévouement demeureroit encore stérile pour un temps, laissez-leur, mon Révérend Père, laissez-leur au moins l'espérance !

Continuant de gourmander l'*Avenir* avec je ne sais quel ton de maître qui régente des écoliers mutins, vous voulez bien nous avertir qu'à d'autres égards encore nous avons encouru votre désapprobation. « Je ne puis non plus, dites-vous, pardonner à l'*Avenir* de » s'extasier devant la révolution de juillet. Je ne suis ni carliste ni » philippin. Je sens aussi la nécessité où s'est trouvée la France de se » ranger autour du roi Philippe pour échapper à l'anarchie..... Mais » je ne puis passer à l'*Avenir* cette expression : *La nation a recouvré ses* » *droits...* Dans votre bouche, qu'est-ce que cela signifie ? Quels droits » avez-vous ? La liberté de la presse ? vous sur lesquels pèsent deux » procès. La liberté de la religion ? tandis qu'on brise ses croix, qu'on » incarcère ses prêtres, qu'on expulse ses curés, qu'on régente ses » évêques ? La liberté de l'enseignement ? tandis qu'on pousse le des- » potisme universitaire au delà des bornes posées par MM. Frayssinous » et Feutrier. »

Sachez bien, mon Révérend Père, en premier lieu, que l'*Avenir* ne demande ni n'accepte de *pardon* de personne ; et, en second lieu, qu'en ce qui touche aux affaires intérieures de notre pays, la doctrine catholique et la conscience une fois à l'abri, rien au monde ne nous importe moins que l'opinion individuelle d'un étranger quel qu'il soit. Il est à croire que nous, nés en France et qui ne l'avons jamais quittée, nous la connoissons un peu mieux qu'un homme qui ne la vit jamais et qui en est à quatre cents lieues. Nous pouvons, sans trop de présomption, nous flatter d'être des juges plus compétents que lui de nos propres intérêts; et quelque honorable que puisse être d'ailleurs sa tutelle, avant de l'exercer comme de plein droit, il eût été plus convenable peut-être d'attendre qu'elle fût sollicitée.

Du reste, placé sous l'empire d'une préoccupation inexplicable, vous nous avez, encore ici, lu sans nous entendre; et, après vous avoir lu moi-même, je doute s'il existe en Europe un homme moins instruit de l'état de la France, de ce que, pour les catholiques, il est sage de craindre, de ce qu'il est raisonnable d'espérer. Reprenons vos paroles. Vous ne nous pardonnez pas de nous *extasier* devant la révolution de juillet. L'expression, mon Révérend Père, est aussi juste que si nous disions de vous, que vous vous extasiez devant le despotisme moscovite. En général, comme nous le répétions encore dernièrement, nous *tremblons* devant toute révolution, « parce que »la révolution la plus juste, même quand elle réussit, traîne après »elle de longues et pesantes calamités (1). » C'est ainsi que nous sommes révolutionnaires.

Et pour ce qui est en particulier des évènements de juillet, sur lesquels d'ailleurs vous n'avez pas cru devoir vous expliquer nettement, nous qui n'avons point de position à ménager ou à compromettre, nous n'avons non plus rien qui nous empêche de dire hautement toute notre pensée. Nous disons donc d'abord que cette révolution étoit inévitable, par différentes raisons qu'il est inutile de rappeler, et il y a, en effet, plusieurs années que nous l'annoncions comme imminente. Nous admirons de plus la modération qui en a fait une sorte de combat régulier, et l'espèce de sentiment élevé et généreux qui, dominant une multitude ardente d'indignation et momentanément affranchie de tout pouvoir qui pût la contenir, à maintenu un ordre merveilleux dans une armée sans chef, dans une population palpitante des émotions les plus fortes, et prévenu les horreurs qui accompagnent d'ordinaire ces commotions terribles : exemple, je ne dis point rare, mais unique dans l'histoire, et que sans doute il est beau, il est glorieux aux Français d'avoir donné.

Enfin, en plaignant le pouvoir qui s'est perdu lui-même par un aveuglement qui n'exclut ni des intentions droites ni des vertus dignes de respect, nous nous sommes réjouis d'un changement politique dans lequel nous avons vu comme le signal de la délivrance

---

(1) *L'Avenir*, du 27 janvier.

de l'Eglise et de l'affranchissement de la religion, condamnée parmi nous à périr sans retour peut-être, si le régime précédent s'étoit prolongé encore quelques années. Opprimée par les lois et l'administration, enveloppée de servitude, avilie par les honneurs mêmes dont elle subissoit l'opprobre, et qui n'étoient que le prix de sa docile obéissance, le peuple se détachoit d'elle rapidement, et l'on pouvoit compter les jours qui lui restoient à vivre, les jours après lesquels le dernier chrétien, fermant ses yeux appesantis d'angoisse, l'emporteroit avec lui dans la tombe. Tel étoit notre état, lorsque soudain la terre a tremblé. Alors nous avons dit : Dieu est grand; il se souvient de ses promesses ! et notre foi s'est élevée au-dessus des pensées et des affections humaines, pour admirer les conseils suprêmes et bénir le salut qui nous venoit d'en haut. Tout en effet étoit changé, et nous avons pu, nous avons dû dire que *la nation avoit recouvré ses droits*, et non-seulement ses droits religieux, mais encore ses droits politiques, fondés sur des engagements réciproques, sur un contrat sacré que des ministres, honorables d'ailleurs en tant qu'hommes privés, violèrent ouvertement par les ordonnances de juillet. Car, à moins que vous ne reconnoissiez aucuns droits aux peuples, aucuns droits que le pouvoir ne puisse leur ôter à sa volonté, à moins que vous n'admettiez d'autre pouvoir légitime que le despotisme illimité, doctrine qui implique l'athéisme, il est plus clair que le jour, qu'en 1830 le pouvoir, dont encore une fois nous ne scrutons pas les intentions et dont nous respectons l'infortune, enleva aux Français des droits légitimement acquis, et renversa de fait la Loi fondamentale, c'est-à-dire, la société telle qu'elle existoit. La question, dès-lors, n'étoit plus s'il y auroit révolution, mais si elle s'accompliroit au profit de l'absolutisme, ou au profit de la liberté. Or, entre ces deux alternatives désormais inévitables, je vous demande à vous-même, mon Révérend Père, ce qui étoit le plus désirable et le plus juste en soi; je vous demande ce qu'auroient fait les catholiques du moyen âge, alors que le sentiment de la dignité des peuples et de la sainteté des promesses qui formoient le lien entre eux et le pouvoir, étoit si vivant dans les ames; je vous demande ce que les Pontifes romains, choisis pour juges, auroient décidé, je ne dis pas sur les intérêts qu'ils se seroient sans doute et avec succès efforcés de concilier, mais sur le fond même du droit. Ecartez de votre esprit toute préoccupation relative aux temps et aux hommes, et, la main sur la conscience, répondez.

Mais, laissant à part les conséquences purement politiques des événements de juillet, et ne considérant que celles qui nous touchent en qualité de simples catholiques, avons-nous, en effet, *recouvré nos droits?* Vous le niez, et en outre vous faites entendre que nous ne les recouvrerons jamais. Que Dieu détourne un pareil augure! et qu'il nous préserve de prêter l'oreille à ces prophètes de servitude, dont la parole glacée ne descend dans l'ame que pour la frapper d'un mortel engourdissement, pour y tuer, dans leur germe, tout courage, tout mouvement, toute espérance! Là où vous voyez, mon Révérend Père, un nouveau triomphe du mal, nous apercevons, nous, le commencement d'une magnifique régénération, l'aurore du jour où s'accomplira cette solennelle promesse : *Et erit unum ovile et unus Pastor.* Oui, le catholicisme se réveille, et, brisant ses fers, il s'élance comme un géant dans l'immense carrière qui s'ouvre devant lui : *Exultavit ut gigas ad currendam viam.* Craignez donc, craignez qu'il ne vous soit dit : *Homme de peu de foi, pourquoi as-tu douté?* Il semble que vous attendiez tout des rois, et alors nous concevons comment l'espoir fuit de votre ame : pour nous, nous n'en attendons rien, mais nous attendons beaucoup des peuples qui, malgré ce qui leur manque encore, malgré la direction une et fixe dont ils sont privés, et que bientôt peut-être ils recevront de Rome, quand la liberté aura prévalu, nous semblent être les instruments choisis de Dieu pour rétablir son règne sur la terre.

Mais, pour vous faire comprendre ce que le catholicisme a gagné à notre dernière révolution, lisez la Charte du 7 août, et vous y verrez la liberté religieuse et la liberté d'enseignement stipulées d'une manière bien plus formelle qu'elles ne l'étoient dans l'ancienne Charte. Nous avons donc *recouvré* sinon l'exercice, au moins la reconnoissance de notre droit. Et ceci c'est beaucoup, c'est tout, car la Charte nouvelle nous fournit de plus des moyens légaux d'arriver à la jouissance effective et pleine de ce droit reconnu; et ces moyens sont principalement la liberté de la presse et la liberté d'association.

Ici vous m'arrêtez. *La liberté de la presse? vous sur lesquels pèsent deux procès?* Oui, mon Révérend Père, deux procès nous ont été intentés; et nous en rendons grâces aux magistrats qui, par une erreur de bonne foi sur le sens de nos paroles, nous ont fourni l'occasion précieuse de les expliquer plus clairement devant la justice du pays. Et le pays nous a entendus, et le ministère public a loué nos doctrines, et nos concitoyens, nos juges, les ont sanctionnées par leur arrêt, et quelles que fussent les opinions religieuses de chacun, la foule qui assistoit à cette mémorable audience a salué de ses acclamations le catholicisme, qui lui apparoissoit pour la première fois sous ses traits véritables, le catholicisme romain. Que n'avez-vous, mon Révérend Père, été témoin d'un spectacle si nouveau en France! Vous n'auriez pas à regretter le faux jugement que vous portez d'elle sur de vieux souvenirs qui obsèdent votre esprit et l'enveloppent comme d'un voile funèbre.

Nous avons à vaincre, il est vrai, la résistance du ministère enseveli dans les traditions du despotisme de tous les régimes, et l'opposition du libéralisme persécuteur que dominent encore les préjugés de la philosophie du dix-huitième siècle. Mais le ministère ne peut, quoi qu'il fasse, empêcher de sortir de la Charte ce qu'elle contient, ce que la volonté ferme de la nation y a mis; et à l'ancien libéralisme qu'animent des idées de tyrannie, a succédé un libéralisme véritable, éclairé, généreux, qui repousse toute oppression, et qui veut fortement la liberté réelle, une liberté égale pour tous, entière pour tous. Unis à ce libéralisme loyal, les catholiques seront invincibles, et déjà partout cette union s'opère. On s'est expliqué, on s'est entendu; la confiance naît et se manifeste par des efforts communs. Voilà l'état de la France, et, quoi qu'en puissent penser ceux qui ne la connoissent pas, quelles que soient les épreuves qui lui sont réservées encore, elle peut fixer un regard tranquille sur l'avenir qui se prépare pour elle. Pour vous qui semblez ignorer ces choses, pour vous qui n'avez encore devant les yeux que la révolution de Voltaire et de Rousseau, et le fantôme sanglant de 93, nous concevons vos terreurs, mais nous ne les partageons pas.

Je finis, mon révérend Père, cette lettre déjà trop longue peut-être. Vous avez complètement méconnu les doctrines et travesti les intentions des rédacteurs de l'*Avenir ;* vous vous êtes permis à leur égard des imputations aussi fausses que violentes; vous êtes descendu jusqu'à l'outrage. Vous savez à quoi vous oblige, en cette occasion, le devoir rigoureux de l'honnête homme et du chrétien. L'offense a été publique, la réparation doit l'être ; et pour user de vos propres mots : *c'est à cette condition que je vous assure de la continuation de mon estime et du respect avec lequel je suis,*

Votre très-humble serviteur.

F. DE LA MENNAIS.